対訳でたのしむ

善知鳥

うとう *Utou*

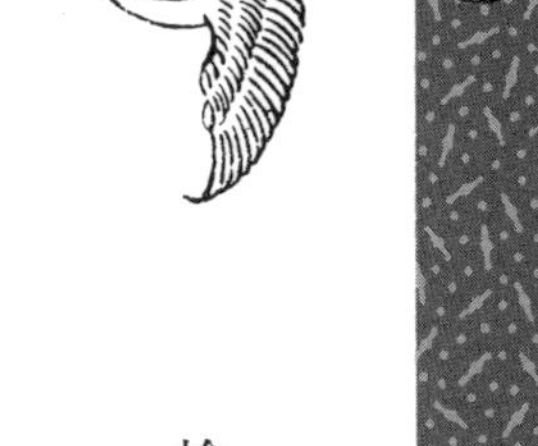

檜書店

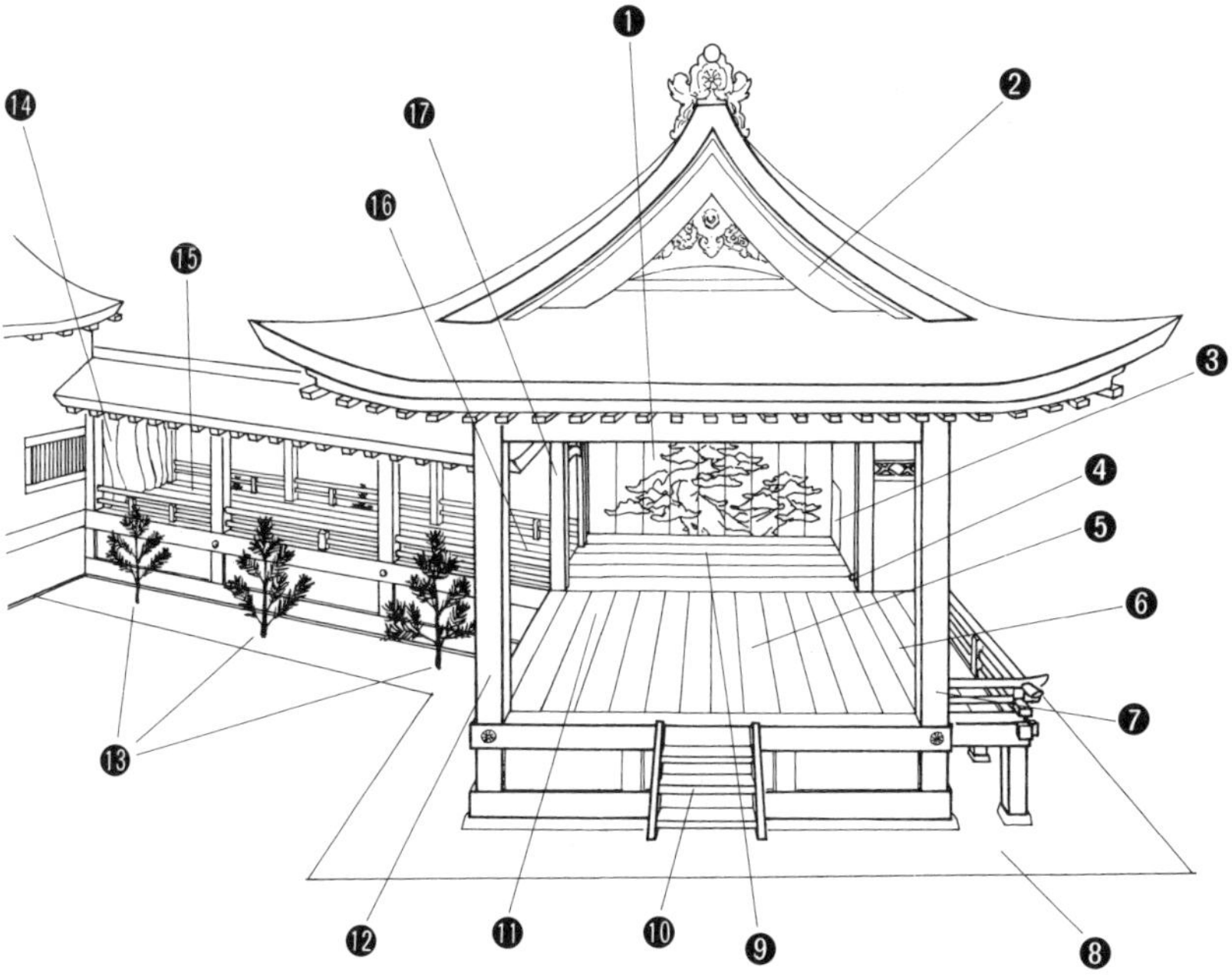

❶老松が大きく描かれた鏡板《かがみいた》。背景というよりも舞台の一部というべきか。

❷屋根　昔の名残をとどめたもの。屋外の能舞台を建物のなかに取り込んだのは明治以降のこと。

❸切戸口《きりとぐち》　舞台奥の右手側面にある引戸のついた低い出入口。地謡《じうたい》方や後見《こうけん》方が出入りするところ。

❹笛柱の下に鐘をつるす綱を通す環がある。また天井には鐘をつりさげる滑車がつけられ、〈道成寺《どうじょうじ》〉の鐘をつるすためにのみ使われる。

❺６メートル四方の舞台には檜が縦に張られている。

❻地謡《じうたい》座　地謡方が座る位置。

❼ワキ柱　ワキ方が常にこの柱の側に座るのでこの名がある。

❽白州《しらす》　能舞台が屋外にあった時の名残。玉石が敷かれている。

❾後座《あとざ》　檜が横に張られている。向かって右から笛、小鼓、大鼓、太鼓が座り、左後方に後見方が座る。

❿階《きざはし》　舞台の開始を寺社奉行が命じる時などに使用したころの名残。

⓫常座《じょうざ》　舞台に入ってきたシテなどがまず足をとめ、所作の基点となる位置。

⓬目付柱《めつけばしら》　能面をつけ極度に視野が狭められた演者の目標となる柱。

⓭舞台のほうから一の松、二の松、三の松と、順に小さくして遠近感を出している。

⓮揚幕《あげまく》　演者の出入りに際し、二人の後見が竹竿を上げ下げする。

⓯橋掛り《はしがかり》　演者が出入りする通路であるとともに、舞台の延長としての重要な演技空間でもある。

⓰狂言《きょうげん》座　間狂言が座り、控えている所。

⓱シテ柱　シテが常に立つ常座《じょうざ》の近くにあるため、この名称がある。

✣対訳でたのしむ✣

善知鳥《うとう》

檜書店

目次

善知鳥――――竹本幹夫――――3
〈善知鳥〉の舞台 装束・作り物――――河村晴久――――28
能の豆知識・〈善知鳥〉のふる里・お能を習いたい方に――――30

凡例

一、下段の謡本文及び舞台図（松野奏風筆）は観世流大成版によった。
一、下段の大成版本文は、横道萬里雄氏の小段理論に従って、段・小段・節・句に分けた。それらはほぼ上段の対訳部分と対応するように配置した。
一、下段の謡本文の句読点は、大成版の句点を用いず、また小段内の節の切れ目で改行した。
一、小段名は舞事などを含む囃子事は〔　〕で、謡事は「　」で括り示した。
一、対訳本文の段は算用数字の通し番号で示して改行し、はじめにその段全体の要約と舞台展開、観世流とその他の流派との主な本文異同を中心に説明を付した。

善知鳥（うとう）

竹本幹夫

〈善知鳥　烏頭〉（うとう）

諸国を行脚《あんぎゃ》する僧（ワキ）が陸奥国外の浜《むつのくにそとのはま》（津軽半島の津軽湾に面した地域一帯。現東津軽郡と青森市の一部）一見を志す。その途次、越中国《えっちゅうのくに》の霊山立山《たてやま》（現富山県）に修行のために立ち寄り、諸所から噴煙を上げる地獄の有様を見てしばしの感慨に時を移す。下山の道で、一人の老人（前シテ）に呼び止められ、昨秋死没した外の浜の猟師の妻子の家に出向き、その家にある蓑《みの》と笠を手向《たむ》けてほしいとの言伝《ことづて》を頼まれる。僧は驚きつつも、話だけでは遺族に信用されまいと言うと、老人は臨終の際に着ていた麻衣《あさぎぬ》の袖を解いて、証拠にと渡し、奥州に向かう僧を泣く泣く見送ると見るや姿を消す（中入）。やがて僧は外の浜で里人（アイ）に猟師の家を尋ねる。一方猟師の妻（ツレ）は死別した夫を思い、忘れ形見の子（子方）を傍らに、今も嘆きに沈んでいる。訪ねて来た僧の話を聞いた猟師の妻が形見の衣を取り出すと、疑いもなく袖はぴったりと合ったのだった。早速法事を執り行い、亡者の望みの蓑と笠とを手向けるや、僧の祈りに応じて猟師の亡霊（後シテ）が姿を現し、供養を謝しつつも自らが重ねて来た殺生《せっしょう》の罪に慄《おのの》く。亡者は愛しい我が子に近付くことすら叶わず、今更に仔鳥を失った親鳥の悲しみを知り、涙する。そして殺生を生業《なりわい》とするわが人生の罪深さと、辛苦《しんく》を厭《いと》わず夢中となった猟のこと、とりわき親鳥の呼び声を真似て善知鳥の雛を捕らえた時の有様を語り、親鳥の流す血涙で蓑笠が赤く染まる様を見せる。その善知鳥が地獄では化鳥となって罪人を呵責《かしゃく》し、自らはさらに畜生道《ちくしょうどう》に転生して雉《きじ》となり、鷹となった善知鳥や猟犬に狩り立てられる苦しみを述べ、救いを求めつつ姿を消す。

《この能の魅力》

本曲の曲名は喜多流のみ〈烏頭〉。室町期以来、様々な宛字がある。本曲のように異界の人との邂逅《かいこう》の証拠を求める設定は、金春禅竹《ぜんちく》作とされる〈楊貴妃〉に例がある。こちらには『長恨歌伝《ちょうごんかでん》』という本説があるが、〈善知鳥〉の場合の片袖説話には、先行作品を明示できない。ただし『捜神記《そうじんき》』などの中国の怪異譚に、死者との交わりの証拠に副葬品を示して盗掘を疑われるが、幽霊が現れて疑いを解くという話が複数見えるから、本説はどうあれ地獄とされていた立山が舞台であれば、証拠の提示は必須といえよう。しかし一年前に死んだ猟師の形見の衣と、亡者が自ら解いて渡した衣の袖とがぴったり合うというのは不合理な話で、形見の小袖に片袖が欠けていたなら亡者が僧に袖を渡せるはずはなく、形見の衣の袖と全く同じであっても両袖が揃っていては、証拠になるべくもない。

〈善知鳥〉の片袖説話は作者の勘違いの産物なのではなかろうか。猟師なら当然照射《ともし》という猟があるのに、「漁火白うして眠る事なし」というのも、借り物ではない書き下ろしの曲舞《くせまい》のはずが、どうにも腑に落ちない。

その一方で、豊かな和歌的教養に裏打ちされた過剰なまでの文飾が、華麗な詞章表現となって節付と見事に調和する。また前世の罪業から死後の苦患《くげん》に展開する後半では、場面ごとに謡のリズムを変え、躍動的な演技をもたらしている。これはやはり名作なのであって、古来人気曲であったのも当然といえよう。

正長元年（一四二八）六月、新将軍足利義教《よしのり》に向かい三宝院満済《まんさい》は大名による鷹狩の非道を説き、仏門出身の将軍もそれに賛同した（『満済准后日記《まんさいじゅごうにっき》』）。このような時代背景も本曲に関わるのかもしれない。猟師という世阿弥時代にはあり得なかった主人公設定も、地獄のような配所を舞台にした〈俊寛〉に似る。これらを見るに、禅竹時代の能の特色を本曲は色濃く持つとの指摘が首肯《しゅこう》される。

【作者】 不明。寛正六年（一四六五）二月の将軍院参猿楽に観世所演。

【題材】 康永元年（一三四二）奥書『新撰歌《しんせんうた》枕名寄《まくらなよせ》』「率都浜《そとのはま》」、永享十年（一四三八）以前成立の『秘蔵抄』及び同異本歌、連歌論書『連珠合《れんじゅがっ》璧集《ぺきしゅう》』『藻塩草《もしおぐさ》』にも見える歌説に、『今昔物語集』等の立山地獄説話、『清涼寺縁起』等の片袖説話を取り合せる。後シテ出の「陸奥の」の和歌は典拠未詳。

【場面】

前場　越中国立山の山中

後場　外の浜の猟師の家

【登場人物】

前シテ　尉《じょう》（面《おもて》は笑《わらい》尉又は朝倉尉。阿古父《あこぶ》尉にも。三光《さんこう》尉も）

後シテ　猟師（面は瘦男《やせおとこ》又は河津《かわず》）

ツレ　猟師の妻（面は深井。曲《しゃく》見《み》も）

子方　千代童

ワキ　旅僧

アイ　里人

1

旅僧の登場　まず何事もなく猟師の妻（ツレ）・千代童（子方）が登場し、脇座《わきざ》に座ると、改めて幕が上がり、旅僧（ワキ）が静かに橋掛りから登場して常座《じょうざ》に立ち、［名ノリ］［着キゼリフ］を言う。その後僧は舞台中央に出て、立山の地獄の有様を眺めて慨嘆し、［下ゲ歌］の返シの後に脇座に行き掛かる。

下掛《しもがか》り宝生《ほうしょう》流は［名ノリ］の「我いまだ」の後が、「立山を見ず候ふ程に、此の度思ひ立ち立山禅定申し、夫《それ》より陸奥の果て迄行脚せばやと思ひ候」となり、［着キゼリフ］なし（述べる事もある）で次の小段になるが、その冒頭の一句が「扨《さて》もわれ立山禅定申し」となり、この一句は節ナシ。以下、「地獄の有様」が「地獄の有様を」、「涙も更に」の後が「止め得ぬ」ではなく「止め得ず」となる。下掛り諸流（金春《こんぱる》・金剛《こんごう》・喜多《きた》）もおおむね右に近い。

なお、異同注記での文字遣いについては、意味に関わらぬ場合は適宜に統一し、読みやすさの便を考えて旧仮名遣いとし、また送り仮名を補った。
ワキセリフは基本的に下掛宝生流昭和版との主な異同を、シテ・ツレおよび地謡の詞章についてはシテ方四流との主な異同を示した。

〔名ノリ笛〕　笛のみで演奏される静かな登場楽。
この演奏と共に旅僧（ワキ）が登場して舞台に入る。

旅僧　私は諸国修行の僧でございます。私はまだ陸奥《みちのく》（青森県）の外《そと》の浜《はま》に行ったことがありませんので、今度《このたび》思い立って外の浜を訪れようと志しました。またちょうど都合が良いので、立山《たてやま》山中での山伏修行を致そうと存じます。

旅僧　急ぎましたので、早くも立山に到着しました。ゆっくり見物しようと思います。

旅僧　さても私がこの立山に来たところ、眼前には地獄の有様が広がる。これを見ても何とも思わないような人のすさんだ心は、地獄の獄卒よりもなお恐ろしい。幾つにも別れる山路の、多くは

〔名ノリ笛〕

[名ノリ]
ワキ〽これは諸国一見《ショコクイッケン》の僧にて候、我いまだ陸奥外《ミチノクソト》ノ浜《ハマ》を見ず候程《ホド》に、この度《タビ》思ひ《イ》立ち外の浜一見と志《ココロザ》して候、又《マタ》よき序《ツイデ》にて候程に、立山禅定《タテヤマゼンヂョオ》申さばやと存じ候

[着キゼリフ]
ワキ〽急《イソ》ぎ候程に、これははや立山に着《ツ》きて候、心静《ココロシヅ》かに一見せばやと思ひ《イ》候

[サシ]
ワキ〽さても我この立山《タテヤマ》に来《キ》て見れば、目《マ》のあたりなる地獄《ヂゴク》の有様《アリサマ》、見ても恐《オソ》れぬ人の心は、鬼神《キジン》よりなほ《オ》恐

地獄へと続く険《けわ》しい道なのだと、思えば涙がどうにも止まらない。

ろしや、山路《サンロ》に分《ワカ》つ巷《チマタ》の数《カズ》、多《オオ》くは悪趣《アクシュ》の嶮路《ケンロ》ぞと、涙《ナミダ》も更《サラ》に止《トド》め得《エ》ぬ

旅僧

自らの罪を懺悔《さんげ》することにしばしの時を移し、山下《さんげ》の道を辿ったのであった。麓へと下ったのだった。

[下ゲ歌]

ワキ〽慙愧《ザンギ》の心時過《トキス》ぎて、山下《サンゲ》にこそは下《クダ》りけれ、山下にこそは下りけれ。

2

老人の登場　老人（前シテ）が幕から山道を下ろうとする旅僧（ワキ）を呼び止め、言葉を交わす。一の松で伝言を依頼するうち、水衣《みずごろも》の左袖を引きちぎり、[上ゲ歌] で僧に渡す。そして老人は三の松に、ワキは舞台中央に戻る。老人は振り返って僧を遠く見遣り、涙を抑える様子の後、中入する。僧は地謡前に座り、預かった片袖を畳んで懐中する。[上ゲ歌] の間に間狂言役の里人（アイ）が片幕で静かに登場し、狂言座に座る。

ここもワキのセリフを中心に小異が多い。下掛り宝生流では、シテの呼び掛けに対する返事が「此方の事にて候ふか、何事にて候ふぞ」（観世以外の

シテ方諸流も）となり、シテのセリフは「陸奥へお下り候はば」（諸流）などとなり、また「去年の秋（の頃、宝）みまかりて候」とするのは上掛りのみで、下掛り諸流はすべて「去年の春の頃」と大異する。その後も「みまかりて候」が「みまかりたる」（春）、「その妻や子の宿を御訪ね候ひて」が「（されば、宝）その妻子の屋をお訪ね候ひて（尋ねて、宝）」（諸流）などとなる。また「げに確かなる証なくては、かひあるまじ」の「かひあるまじ」が諸流にはない。諸流、「今はの時まで」から節となり、下掛りは「袖を解きて」が「袖をとき」となる。［上ゲ歌］も「行く方」が下掛りでは「ユキガタ」となる

老人　もうしもうし。あれにおられるお僧に申し上げたい事がございます。

旅僧　何でございましょう。

老人　陸奥へ御下向なさるのでしたら、伝言をお願い申したいのです。外の浜では猟師でございまし

［問答］

シテ〽なう《ノ》なうあれなる御《オン》僧に申すべき事《コト》の候

ワキ〽何事《ナニゴト》にて候ぞ

シテ〽陸奥へ《ミチノクエ》御下《オンクダ》り候は《ソオラワ》ば言《コト》伝《ヅテ》申し候べし、外《ソト》の浜《ハマ》にては猟師《リョオシ》にて候者《モノ》の、去年《コゾ》の秋《アキ》みまかりて候、その妻《ツマ》や

た者が、去年の秋亡くなりました。その妻や子供の家をお訪ね下さって、そこにある蓑《みの》と笠を回向《えこう》のために手向けてくれとお言い付け下さい。

旅僧　これはとんでもないことをおっしゃる。ご伝言申すのはたやすいことではありますが、ただ口先で申しただけでは、よもやお聞き入れになりますまい。

老人　なるほど確かな証拠がなくては、お訪ね頂いても無駄というもの。や、思い出したぞ生きていた頃、臨終の時までこの私が、着ていた木曽の麻衣の袖を解いて外して、

地　これを証拠にと、涙と共に老人は衣の袖を与え、僧は涙と共に渡された袖を持って再び旅立つべく、老人と別れて山を下ったその後を振り返れば、雲のように煙の立ち上る立山の、木の芽までが燃え立つように春の気配に萌え出《い》でるのを遥かに眺めて、旅僧は遥かの奥州へと下ると、亡者は泣く泣くその姿を見送って、やがてどこ

子《コ》の宿《ヤド》を御訪《オンタヅ》ね候ひ《イ》て、それに候簑笠《ミノカサ》手向《タム》けてくれよと仰《オオ》せ候へ《エ》

ワキ〽これは思ひ《イ》も寄《ヨ》らぬ事《コト》を承《ウケタマワ》り候ものかな、届《トド》け申すべき事は易《ヤス》き程《ホド》の御《オン》事にて候さりながら、上《ウワ》の空《ソラ》に申してはやは《ワ》か御承《ゴショオ》引《イン》候べき

シテ〽げに確《タシ》かなる証《シルシ》なくてはかひ《イ》あるまじ、や、思ひ《イ》出《イ》でたり在《ア》りし世《ヨ》の、今《イマ》は《ワ》の時《トキ》までこの尉《ジョオ》が、木曽《キソ》の麻衣《アサギヌ》の袖《ソデ》を解《ト》きて

[上ゲ歌]

地〽これを証《シルシ》にと、涙《ナミダ》を添《ソ》へ《エ》て旅衣《タビゴロモ》、涙を添へ《エ》て旅衣、立《タ》ち別《ワカ》れ行《ユ》くその後《アト》は、雲《クモ》や煙《ケムリ》の立山《タテヤマ》の、木《コ》の芽《メ》も萌《モ》ゆる遥々《ハルバル》と、客僧《キャクソオ》は奥《オク》へ《エ》下《クダ》れば、亡者《モオジャ》は泣《ナ》く泣く見送《ミオク》りて、行《ユ》く方《カタ》知《シ》らずなりにけり、行く方知らずなりに

へともなく消えてしまった。どこへともなく消えてしまった。

けり。

【中入】

3

僧と里人の応対　僧（ワキ）は「言語道断、かかる不思議なる事こそ候はね、やがて猟師の屋を尋ねふずるにて候」（下宝）と言い、常座で橋掛りの方に向かい、外の浜の里人（アイ）を呼び出す。里人は狂言座から立つ。僧の問いに対して猟師の家を教え、狂言座に着座する。僧は後見《こうけん》座に後ろ向きに座る。里人はその後、謡の間に目立たぬように橋掛りから片幕で退場する。

［問答］（ワキ狂言問答アリ）

4

猟師の妻の愁嘆　着座のまま、主を失った猟師の妻（ツレ）がわが子（子方）を見るにつけても嘆きの日々を送っている様を謡う。この謡の間に僧（ワキ）は常座に出て立つ。

この段では、［サシ］の「定めなき世」が下掛り諸流は「定めなき身」となり、「夢の世の」が、金剛のみ「夢の世と」となる。

妻　まことに元々無常の世の習いとは、分かってはいたものの、この夢のようにはかない夫婦の間柄、夢の世という言葉通りにあえなくも散ってしまった、愛する夫との死別の後に残された忘れ形見のこの子を見ると、いっそう深く悲しみに沈む。この私の思いをどうしたら晴らせようか。

［サシ］
ツレ〽げにやもとよりも、定《サダ》めなき世《ヨ》の習《ナライ》ひぞと、思《イ》ひながらも夢《ユメ》の世の、あだに契《チギ》りし恩愛《オンナイ》の、別《ワカ》れの後《アト》の忘《ワス》れ形見《ガタミ》、それさへ《エ》深《フカ》き悲《カナ》しみの、母《ハワ》が思《イ》ひを如何《イカ》にせん。

5

猟師の妻と僧との対面・法事　常座に立った僧（ワキ）が案内を乞い、事情を話して預かった片袖を見せる。妻が形見の衣を取り出すと、左袖がぴったりと衣に合うので、すぐに蓑笠を手向けるべく法事となる。僧は舞台正面先に手向けの笠を置き、合掌して回向《えこう》の文を唱えると、笛座前に座る。

この段は宝生流は小異のみだが、下掛り宝生流を含む下掛り諸流のワキセリフは、秋ではなく「春の頃」に死んだとする、前段の前シテとの［問答］に対応した異文となる。その他にも、「スサマシキ」が「スサマジキ」、「袖を解きて」の「て」がなく、「もし思し召し合はする事の候か」が「もしもし思し召し合はせらるる事の候ふやらん」となるなど小異が多い。また［掛ケ合］ツレセリフの「間遠に織れる藤袴」が下掛り諸流では「藤衣《ふじごろも》」となる。

旅僧 もうしこのお宅にお伺い申し上げます。

妻 どなたでございましょう。

旅僧 私は諸国行脚の僧でございますが、立山で山伏修行を致しました折に、その様子がいかにももののすごい老人に出会いましたが、私が陸奥へ下るのであれば伝言を頼みたい、外の浜では猟師であった者が、去年の秋、亡くなったのだが、その妻子の家を訪ねて、そちらにある蓑笠を手《た》向《む》けてほしいとおっしゃるので、言葉だけで申し上げてもよもやお聞き入れになりましょうかと申しましたところ、その時、着ていらした麻

［問答］

ワキ〽いかにこの屋《ヤ》の内《ウチ》へ《エ》案《アン》内《ナイ》申し候は《ワ》ん

ツレ〽誰《タレ》にて渡《ワタ》り候ぞ

ワキ〽これは諸国一見《ショコクイッケン》の僧にて候が、立山禅定《ゼンヂョオ》申し候処《トコロ》に、その様《サマ》すさましき老《ロオ》人《ジン》のありしが、陸奥《ミチノク》へ《エ》下《クダ》らば言伝《コトヅテ》すべし、外《ソト》の浜《ハマ》にては猟師《リョオシ》にて候者《モノ》の、去年《コゾ》の秋《アキ》みまかりて候、その妻子《サイシ》の宿《ヤド》を訪《タヅ》ねて、それに候蓑《ミノ》笠《カサ》手向《タム》けてくれよと仰《オオ》せ候程《ホド》に、上《ウワ》の空《ソラ》に申してはやは《ワ》か御承引《ゴショオイン》候べきと申

衣の袖を解き外して、私に渡されたので、こちらまでお持ち致しました。もしや思い当たられることがございませんか。

妻　これは夢ではないかしらびっくりしました。死んでしまったあの人についての、あの世からの便りを聞き終えぬうちにも涙があふれます。

妻　それでもあまりにあやふやながら気になるお話なので、さあ形見の衣を確かめましょう。それも蓑同然の粗末な衣で目の粗い藤蔓《ふじかずら》織りの衣一具を、

旅僧　ずいぶん前の形見ながらも、

妻　今取り出して

旅僧　よく確かめると、

地　疑いもなく、立夏の今日着るような薄手の衣、夏物のように薄手の衣で、裏地もない一重の着

して候へ《エ》ば、その時召《メ》されたる麻衣《アサギヌ》の袖《ソデ》を解《ト》きて賜《タマ》はり《ワ》て候程に、これまで持ちて参りて候、もし思《オボ》し召し合《ア》は《ワ》する事の候か

［クドキ］
ツレ〽これは夢《ユメ》かや浅《アサ》ましや、死出《シデ》の田長《タヲサ》の亡《ナ》き人の、上《ウエ》聞《キ》きあへ《エ》ぬ涙《ナミダ》かな。

［掛ケ合］
ツレ〽さりながら余《アマ》りに心もとなき御事《オンコト》なれば、いざや形見《カタミ》を簑代衣《ミノシロゴロモ》、間遠《マドオ》に織《オ》れる藤袴《フヂバカマ》、
ワキ〽頃《コロ》も久《ヒサ》しき形見《カタミ》ながら、
ツレ〽今取《ト》り出《イダ》し
ワキ〽よく見れば

［上ゲ歌］
地〽疑《ウタガイ》ひも、夏立《タ》つ今日《キョオ》の薄《ウス》衣《ゴロモ》、夏立つ今日の薄衣、一《ヒト》

物ながら、合わせると、袖がぴったりと一致しましたよ。この袖もまさにあの人の形見ですよ。ああ懐かしい。すぐにそのまま法事を執り行い、経文を読誦《どくじゅ》して回向《えこう》を重ねるうちにも、とりわけ亡者が望んだという、蓑笠をとくに手向《たむ》けたのであった。とりわけ蓑笠を手向けたのであった。

旅僧　南無幽霊出離生死頓証菩提《なむゆうれいしゅつりしょうじとんしょうぼだい》。
（謹んで帰依《きえ》し奉る。亡魂が生死迷妄《しょうじめいもう》の道を解《げ》脱《だつ》し、速やかに菩提の果を証せんことを）

6

亡霊の登場〔一声〕の囃子で、後シテが右手で杖を突き静かに登場、常座に立って謡う。その後、僧に向かい合掌し、地謡の間に舞台を一巡して常座に戻り、我が家を見つめ、しばし懐かしむ様を見せる。

この段は、［サシ］の「名号智火」（ミョオゴオヂカ）が金春・金剛は「……チカ」、また下掛り三流共通

重《エ》なれども合《アワ》はすれば、其《ソ》でありけるぞ、あら懐《ナツ》かしの形見《カタミ》や。軈《ヤガ》てそのまま弔《トムライ》ひの、御法《ミノリ》を重《カサ》ね数々《カズカズ》の、中《ナカ》に亡者《モオジャ》の望《ノゾ》むなる、簑笠《ミノカサ》をこそ手向《タム》けけれ、簑笠をこそ手向けけれ。

［誦］
ワキ〽南無幽霊出離生死頓証《ナムイウレイシュツリショオジトンショオ》菩提《ボダイ》。

で「大焦熱なりとも」が「大焦熱も」、「法水」（ホオスイ）が「ホッスイ」、［サシ］の末句「鳥獣を殺しし」から拍合となり、［上ゲ歌］の「所は陸奥の」が「……陸奥や」となる。

〔一声〕　大鼓・小鼓と笛とで演奏する、寂し気だがしっかりした印象の、律動的な登場音楽。基本型に比して短めで、二段、一段、段ナシにも奏する。

猟師　陸奥の外の浜なる呼子鳥　鳴くなる声はうとうやすかた
（陸奥の外の浜に住むという呼子鳥の、親子の呼び合う声はうとうやすかたと聞こえるそうな）

漁師　「一見卒都婆永離三悪道《いっけんそとばようりさんあくどう》」という文句の通りならば、たとい卒都婆を拝んだだけでも、永遠に地獄・餓鬼《がき》・畜生《ちくしょう》の三つの苦患《くげん》に満ちた世界に堕ちることを免れ得よう。ましてや我が身のために、卒都婆造立《ぞうりゅう》の手向けに預かった場合においてをや。たとい紅蓮《ぐれん》・大紅蓮《だいぐれん》の極寒地獄であろうとも、

〔一声〕

［下ノ詠］
シテ〽みちのくの、外《ソト》の浜《ハマ》なる呼子鳥《ヨブコドリ》、鳴《ナ》くなる声《コエ》は、うとう《オ》やすかた。

［サシ］
シテ〽一見卒都婆永離三悪道《イッケンソトバヨオリサンナクドオ》、この文《モン》の如《ゴト》くば、たとひ《イ》拝《ハイ》し申したりとも、永《ナガ》く三悪《サンナク》道《ドオ》をば免《ノガ》るべし、いかに況《イワ》んやこの身《ミ》の為《タメ》、造立供養《ゾオリウクヨオ》に預《アヅ》からんを《ノ》や、たとひ《イ》紅《グ》蓮大紅蓮《レンダイグレン》なりとも、名号智《ミョオゴオヂ》

南無阿弥陀仏の仏名の功徳《くどく》と仏智《ぶっち》の火のような威徳の前には氷も融《と》けよう。焦熱《しょうねつ》・大焦熱《だいしょうねつ》の極熱地獄であろうとも、大水のような法力には火焔も燃えさかることはあるまい。とは言いながら、我が身は重い罪科におびえて心は一度たりとも安らかな時を過ごしたことはなく、やすかたと鳴く鳥を初めとしてあまたの鳥獣を殺した、

地　その多くの罪が「衆罪如霜露慧日能消除《しゅざいにょそうろえにちのうしょうじょ》」の法文の通り、太陽に当たった霜や露のように消えてしまうように、私を仏の恵みの日に照らして下さい、御僧よ。

地　ここは陸奥の、ここは陸奥の、さらなる奥に海を控えた松原の、松の下枝《しずえ》に潮がかかるほどの海辺に、芦の末葉が松の下枝に交差して籬《まがき》のように引き撓《たわ》んでいる景色は、まるでこの浦里が、塩釜の名所籬が島で、この家が籬が島の風情ある苫屋のよう。

しかしこちらは屋根を囲おうとしてもあまりに疎《まば》らで粗末な家居ながら、月を見るためには、

火《クワ》には消《キ》えぬべし、焦熱《ショオネツ》大焦熱《ダイショオネツ》なりとも、法水《ホオスヰ》には勝《カ》たじ、さりながらこの身は重《オモ》き罪科《ツミトガ》の、心は何時《イツ》かやすかたの、鳥獣《トリケダモノ》を殺《コロ》しし

［歌］

地　〽衆罪如霜露慧日《シュザイニョソオロヱニチ》の、日《ヒ》に照《テ》らし給《タマ》へ御僧《ヱオン》。

［上ゲ歌］

地　〽所《トコロ》は陸奥《ミチノク》の、所は陸奥の、奥《オク》に海《ウミ》ある松原《マツバラ》の、下《シヅ》枝《エ》に交《マジ》る汐蘆《シオアシ》の、末《スヱ》引きしをる浦里《ウラザト》の、籬《マガキ》が島《シマ》の苫屋《トマヤ》形《カタ》。園《カコ》ふ《オ》とすれど疎《マバ》らにて、月《ツキ》の為《タメ》には外《ソト》の浜《ハマ》、心ありける住居《スマイ》かな、心ありける住居かな。

戸外同然のこの外の浜の家居は、かえって風流なことよ。いかにも風流な住まいよ。

7

猟師と遺族の邂逅　妻（ツレ）と千代童（子方）は脇座で猟師（後シテ）に気付いて立ち上がるが、常座の猟師を見つめるばかりで涙に沈む。猟師はわが殺生の罪を悔いつつも、思わずわが子の髪を撫でようと近付くと二人は下がってしまい、どうしても二人に手が届かず、舞台中央で涙する。そして杖を突きつつ舞台を一巡し、太鼓座前で泣き崩れて座る。

［（掛ケ合）］のシテの言葉、金春・金剛・喜多は、「妻や子も」が「妻も子も」。観世以外の諸流は「我が子のいとほしき」が「……いとほしい」となり、また［上ゲ歌］の「立つや卒都婆（ソトワ）の」、「雄島（ヲジマ）の苫屋」が「ソトバ」「オシマ」となる。

妻　あれは、とも声に出せば姿が消えてしまうのではと恐れて、母子は互いの手を握り締め、ただ

［（掛ケ合）］
ツレ〽あれはとも云《イ》は《ワ》ば形《カタチ》や消《キ》えなんと、親子《オヤコ》手に手を取《ト》り組《ク》みて、泣《ナ》くばかりな

泣くばかりであった。

猟師 ああ哀れな。まことにかつては、深く親しんだ妻や子であったのに、今や善知鳥やすかたを殺した報いに、近くに寄ることすらならず、ウトウと鳴けばヤスカタと応える鳥のように、辛さのあまり声を上げて泣いて、共に心安からぬ思いをするばかり。どうして物の命を奪ってしまったのか。我が子がかわいいのと同様に、鳥や獣も子を大切に思ったろうにと、千代童の髪を掻き撫でて、ああ久しぶりだねと言おうとすると、

地 邪魔な雲が家族との間を隔てているのか、情けないことよ。幽冥の境が雲となって我が身を妻子と隔てる情けなさ。今まで見えていた我が子の姿ははかなくもどこに隠れてしまったのか。小さな姫小松が木々の間に木隠れてしまうように消えてしまった。隠れ笠でも着ているのか。笠と言えば津の国の。名所の和田の笠松、蓑と言えば同じく箕面《みのお》の滝。その滝波の湧き立つごとくに我が袖には涙があ

る有様《アリサマ》かな。

シテ〽哀《アワ》れやげに古《イニシエ》は、さしも契《チギ》りし妻《ツマ》や子《コ》も、今《イマ》は善知《ウト》鳥《オ》の音《ネ》に泣《ナ》きて、やすかたの鳥《トリ》の安《ヤス》からずや、何《ナニ》しに殺《コロ》しけん、我が子のいとほ《オ》しき如《ゴト》くにこそ、鳥獣《トリケダモノ》も思ふ《オ》らめと、千代童《チヨドオ》が髪《カミ》を掻《カ》き撫《ナ》でて、あらなつかしやと言《イワ》はんとすれば

［上ゲ歌］
地〽横障《ヲオショオ》の、雲《クモ》の隔《ヘダ》てか悲《カナ》しやな、雲の隔てか悲しやな、今《イマ》まで見《ミ》えし姫小松《ヒメコマツ》の、はかなや何処《イヅク》に、木隠《コガク》れ笠《ガサ》ぞ津《ツ》の国《クニ》の。和田《ワダ》の笠松《カサマツ》や箕面《ミノオ》の、滝《タキ》つ波《ナミ》も我《ワ》が袖《ソデ》に、立《タ》つや卒都《ソト》婆《ワ》の外《ソト》は誰《タレ》、簑笠《ミノカサ》ぞ隔《ヘダ》てなりけるや、松島《マツシマ》や、雄島《ヲジマ》の苫屋内《トマヤウチ》ゆかし、我は外《ソト》の浜《ハマ》

ふれる。外に立てた卒都婆の傍らで立っているのは弔いを受けた他ならぬ私なのに。手向けの蓑笠ならぬ我が身を縛る執心の枷鎖《かさ》が親子の間を隔てているのか。名所松島の雄島の苫屋のような、わが苫屋の中に入りたいのに、私は外に立ち尽くし、外の浜の浜千鳥さながらに、声を上げて泣くより他にないのだ。

千鳥《チドリ》、音《ネ》に立《タ》てて、泣《ナ》くより外《ホカ》の事《コト》ぞなき。

8

猟師の慨嘆　猟師の霊（後シテ）は舞台の真ん中に座り、己の生涯を振り返って自責の念に苛《さいな》まれる。［クセ］の途中からは、とりわけ善知鳥の雛を捕らえたことを身振りを交えて回想し、慨嘆する。この段の異同は、［クセ］の「忘れ草の追鳥（オイトリ）」が、金春のみ「オイドリ」と濁る点のみ。

［クリ］

地 ヘ往事渺茫《ヲオジビョオボオ》として都《スベ》て夢《ユメ》に似《ニ》たり、旧遊零落《キウイウレイラク》して半《ナカ》ば泉《イヅミ》に帰《キ》す。

地

これまでの生涯を思い返すと果てしもなく茫漠《ぼうばく》とし、すべてが現実ではなかったようにすら思われる。旧知の人々も周りからいなくなり多くは泉下《せんか》の人となってしまった。

猟師 同じ世を渡る生業《なりわい》を持つのであれば、士農工商の良民の家に生まれれば良かったのにそうはならず、

地 または音楽・囲碁・書道・絵画の四芸をもてあそぶ風流な有閑階級の身分にも生まれず、

猟師 ひたすら朝から晩まで殺生を事として、

地 長い春の日も獲物が少なくてあくせくと時を過ごし、秋の夜長にも夜通し漁《いさ》り火《び》ならぬ照射《ともし》の火を明々《あかあか》と焚《た》いて眠る暇もない。

猟師 真夏の日も暑さを感じることはなく、

地 真冬の朝も寒さを厭《いと》うことはない。

地 鹿を追うあまりに猟師は周囲の山に注意を払おうとしないということわざがある。体の辛さも心の切なさも忘れて、生い茂る草の中で鳥を追い求め、鳥もちを塗った縄をさし引きしている

［サシ］

シテ〽とても渡世《トセイ》を営《イトナ》まば、士《シ》農工商《ノオコオショオ》の家《イエ》にも生《ン》まれず、

地 〽又《マタ》は琴碁書画《キンギショグワ》を嗜《タシナ》む身《ミ》ともならず、

シテ〽ただ明《ア》けても暮《ク》れても殺生《セッショオ》を営《イトナ》み、

地 〽遅々《チチ》たる春《ハル》の日《ヒ》も所作《ショサ》足《タ》らねば時《トキ》を失《ウシナイ》ひ、秋《アキ》の夜《ヨ》長《ナガ》し夜長けれども、漁火《イサリビ》白《シロ》う《オ》して眠《ネム》る事《コト》なし、

シテ〽九夏《キウカ》の天《テン》も暑《ショ》を忘《ワス》れ、

地 〽玄冬《ゲントオ》の朝《アシタ》も寒《サム》からず。

［クセ］

地 〽鹿《シカ》を逐《オ》ふ《オ》猟師《リヨオシ》は、山《ヤマ》を見《ミ》ずと云《イ》ふ《ウ》事《コト》あり、身《ミ》の苦《クル》しさも悲《カナ》しさも、忘《ワス》れ草《グサ》の追鳥《オイトリ》、高縄《タカナワ》をさし引《ヒ》く汐《シオ》

と、差し引く潮の彼方の松山に嵐が吹いて波が押し寄せるように、袖は涙であふれて、まるでぬれそぼる沖の石さながら。その沖の石づたいに、または干潟を歩いて海を越え、その向こうにある里近くまで出張って殺生に精を出し、千賀の塩竈ならぬ地獄の業火に身を焼かれる死後の報いをも忘れて、この罪深い生業に手を染めた悔しさよ。

さても善知鳥やすかたの鳥を捕るのに、色々な殺生の業《わざ》があるのだが、

猟師 中でもむごかったのはこの鳥が、

地 愚かにも、まばらな木々の梢《こずえ》でもよいから羽を敷いて巣作りをし、しきりに寄せる波の上に浮巣をも掛ければよいものを、雁が降り立つような平らな砂地に卵を産んで、はかなくも親は羽で隠そうとするのだが、人間に「うとう」と呼ばれると雛は「やすかた」と答えてしまうのだった。なんとも捕まりやすいやすかたの鳥よ。

の、末《スヱ》の松山風荒《マツヤマカゼア》れて、袖《ソデ》に波越《ナミコ》す沖《オキ》の石《イシ》、又《マタ》は干潟《ヒカタ》とて、海越《ウミゴシ》なりし里《サト》までも、千賀《チカ》の塩竈《シオガマ》身を焦《コガ》す、報《ムク》いをも忘《ワス》れける、事業《コトワザ》をなしし悔《クヤ》しさよ。

抑《ソモソ》も善知鳥《ウトオ》、やすかたのとりどりに、品変《シナカワ》りたる殺生《セッショオ》の。

シテ〽中《ナカ》に無慙《ムザン》やなこの鳥《トリ》の、

地〽愚《オロ》かなるかな筑波嶺《ツクバネ》の、木々《キギ》の梢《コズヱ》にも羽《ハ》を敷《シ》き、波《ナミ》の浮巣《ウキス》をも懸《カ》けよかし、平《ヘイ》沙《サ》に子《コ》を生《ウ》みて落雁《ラクガン》の、はかなや親《オヤ》は隠《カク》すと、すれどうとうと呼《ヨ》ばれて、子《コ》はやすかたと答《コタエ》へけり、さてぞ捕《ト》られやすかた

9

雛の捕獲　猟師（後シテ）は「うとう」と声を高く上げ、鳥を捕らえる様を見せる特殊な〔カケリ〕を舞う。舞台中ほどで鳥を見付け、橋掛りまで追って行くが一度は捕らえ損ない、今度は舞台正面先に置かれた笠を雛に見立てて狙い寄り、手に持った杖で笠を打つ。

諸流、異同はない。

猟師　うとう。

〔カケリ〕　砂地にひそむ鳥を杖で打ち殺そうとする特殊な所作で、囃子の演奏も特殊。流儀・演者により、細部に変化がある。

10

猟師の立ち働き　猟師（後シテ）は舞台正面先の笠を取り、両手でかざして親鳥が降らす血の涙を

〔□〕
シテ〽うとう《オ》。

〔カケリ〕

避けて逃げまどう。
この段では、「なほ降りかかる、血の涙に」が、金春・金剛・喜多では「……血の涙の」となる。

地

親鳥は上空で血の涙を、親鳥は上空で血の涙を降らせるので、私はそれに濡れまいとする。スゲの葉で編んだ蓑を肩に掛け、笠を目深に傾けて、あちこちと物陰を探して隠れ回るが、隠れ笠・隠れ蓑ではないので、どうやっても降りかかって来る。そんな血の涙で、目もくらみ、すべてが血の色に染まってしまう様子は、まるで翼を連ねて橋となり牽牛織女《けんぎゅうしょくじょ》を渡らせると、二星の血涙で紅葉のように真っ赤に染まる鵲《かささぎ》さながらではないか。

11

猟師の苦患・結末　猟師（後シテ）は死後、地獄に堕ちて、化鳥と変じた善知鳥に苛まれ、またさらには畜生道に転生し、雉に変じて犬や鷹に追い回される苦しみの有様を見せ、なおも僧に救いを

［ノリ地］

地　へ親《オヤ》は空《ソラ》にて、血《チ》の涙《ナミダ》を、親は空にて、血の涙を、降《フ》らせば濡《ヌ》れじと、菅簑《スガミノ》や、笠《カサ》を傾《カタム》け、此処彼処《ココカシコ》の、たよりを求《モト》めて、隠《カク》れ笠《ガサ》、隠《カク》れ簑《ミノ》にも、あらざれば、なほ《オ》降《フ》りかかる、血《チ》の涙《ナミダ》に、目《メ》もくれなゐに、染《ソ》み渡《ワタ》るは、紅葉《モミヂ》の橋《ハシ》の、かささぎか。

求めて姿を消す。
この段に諸流の本文異同はない。

地 現世では善知鳥やすかたという存在であったが、獲物の善知鳥やすかたであったが、あの世では怪物のような鳥に変じ、殺生の罪で地獄の罪人となった私を追い立てて、鉄《くろがね》のくちばしを鳴らし、羽を羽ばたかせ、銅《あかがね》の爪を鋭く立てて、私の目をつかみ、肉を切り裂くので、あまりの痛みに叫ぼうとしても、地獄の猛火の煙にむせんで声すら上げることが叶わぬのは、オシドリを殺した罪科の故か。逃げようとしても足腰が立たぬのは、羽毛の生え替わりで身動きの出来ぬ羽抜け鳥を捕った報いだろうか。

猟師 現世とは逆に、善知鳥は今度は鷹に生まれ変わり、

地 自分も畜生道に転生して雉《きじ》となってしまった。逃れがたい交野《かたの》の狩場で激しい吹雪に吹きさらされる。天地は恐怖に満ちて、走りかかる猟犬に、

［中ノリ地］

地　〽娑婆《シャバ》にては、善知鳥《ウトオ》やすかたと見《ミ》えしも、善知鳥やすかたと見えしも、冥途《メイド》にしては化鳥《ケチョオ》となり、罪人《ザイニン》を《ノ》追《オ》つ立《タ》て鉄《クロガネ》の、嘴《ハシ》を鳴《ナ》らし羽《ハ》を搏《タタ》き、銅《アカガネ》の爪《ツメ》を磨《ト》ぎ立てては、眼《マナコ》を掴《ツカ》んで臠《シシムラ》を、さけばんとすれども猛火《ミョオクワ》の煙《ケムリ》に、咽《ムセ》んで声《コヱ》をあげ得《エ》ぬは、鴛鴦《ヲシドリ》を殺《コロ》しし科《トガ》やらん、逃《ニ》げんとすれど立《タ》ち得《エ》ぬは、羽抜鳥《ハヌケドリ》の報《ムク》いか。

シテ　〽善知鳥《ウトオ》は却《カエ》つて鷹《タカ》となり、

地　〽我は雉《キジ》とぞなりたりける、遁《ノガ》れ交野《ガタノ》の狩場《カリバ》の吹雪《フブキ》に、空《ソラ》も恐《オソ》ろし地《チ》を走《ハシ》る、

また舞い降りる鷹にも責め苛まれて、ああこの憂さつらさ、かつて善知鳥やすかたに加えたのと同様の、絶え間なく続くこの身の苦患を、お助け下さい御僧、お助け下さい御僧と、言ったかと思うと姿を消してしまった。

犬鷹《イヌタカ》に責《セ》められて、あら心うとう《オ》やすかた、安《ヤス》き隙《ヒマ》なき身《ミ》の苦《クル》しみを、済《タス》けて賜《タ》べや御僧《オンソオ》、済けて賜べや御《オン》僧と、言ふ《イウ》かと思へ《オモエ》ば失《ウ》せにけり。

〈善知鳥〉の舞台

観世流シテ方・河村　晴久

囃子方、地謡が着座すると、漁師の子（子方）と妻（ツレ）が登場し、ワキ座に座る。これは後半の舞台の準備で、場面は立山《たてやま》から始まる。〔名ノリ笛〕の演奏で旅僧（ワキ）が現れ、外《そと》の浜《はま》に向かう途中、荒涼とした立山を訪れる。すると尉《じょう》（前シテ）が幕の内から呼び掛け、外の浜の猟師の霊であるとあかし、妻子のところに行き、蓑《みの》、笠を供えての供養を頼む。自分であることの証拠に、着ている衣の左袖を引きちぎり、僧に渡す。この能では、上着の水衣《みずごろも》の糸を切り、すぐ離れるように工夫している。尉は一切舞台には入らず、橋掛りで物語が進み、泣く泣く僧を見送って幕の中に去る。（中入）僧は外の浜まで旅する態で舞台に入り所の者（アイ）に家を尋ねる。場面変わって妻が悲しみに沈んでいると、僧が訪問し、立山でのことを話す。証拠の袖を渡すと、形見の衣とぴったり合う。やがて笠を舞台正面に据えて供養を始める。〔一声《いっせい》〕の出の囃子により猟師の霊が地獄から立ち現われる。子供の千代童（子方）に近付こうとしても、雲に隔てられ、鳥を殺し親子の仲を隔てた咎《とが》により地獄に堕ちた身を嘆く。次いで〔カケリ〕という働事《はたらきごと》になる。通常〔カケリ〕は武人や狂女の能で、心の緊張と弛緩《しかん》を表すが、ここでは鳥を獲る場面を再現する。笠のところにいる鳥を目掛け、近づき打ち据えるが、鳥は逃げ去る。これを繰り返し、ついに獲り得るが、その時親鳥は空を舞い、子を奪われたことを嘆いて血の涙を流す。蓑、笠で避けて猟を行ったことを再現する。さて地獄に堕ち、自分は鳥の立場となり、責めさいなまれる有様を見せ、済度《さいど》を頼んで消え去る。

四番目物に分類され、この世での行い故に地獄で苦しむ亡者の執心を、骨の太い写実的表現で描く。能舞台の特質を生かして、立山、外の浜の場面転換を難なく行い、物語の展開も早い。謡による内面的な心理描写、〔カケリ〕などの囃子事と所作との統一的表現、技を利かせた後半のはげしい動きなど、装束は地味な色合いであっても、演じる人によっていろいろな味わいのある、魅力の多い能である。

男笠《おとこがさ》—竹の地を漆で覆った笠。

黒頭《くろがしら》—男の怨霊、鬼畜などに用いる。ヤク（ウシ科の動物）の毛を黒く染めている。

面《おもて》—痩男《やせおとこ》、河津《かわず》

無地熨斗目《むじのしめ》—熨斗目とは、経《たて》に生糸《きいと》、緯《よこ》に半練糸《はんねりいと》を用いたて織物で、模様のない無地熨斗目は身分の低い者の着付けとして、水衣《みずごろも》や素《す》襖《おう》の下に着られることが多い。またワキの僧の着付けにも多用する。善知鳥では着流しに着用する。

縷水衣《よれみずごろも》—袖を引き上げて肩のところに縫い留める。これは猟師が働く姿を表す。

善知鳥扇《うとうおうぎ》—鳥の戦う様を描く。この曲のみに用いる。

葉蓑《はみの》—鳥の羽を連ねて蓑にする。この曲のみに用いる。

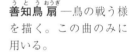

能の豆知識

シテ　能の主役。前場のシテを前シテ、後場を後シテという。

ワキ　シテ（主役）の相手役。脇役のこと。

ツレ　シテやワキに連なって演じる助演的な役。シテに付くものをツレ（シテツレともいう）、ワキに付くものをワキツレという。

間狂言《あいきょうげん》　能の中で狂言方が演じる役。アイともいう。狂言方の主演者をオモアイ、助演者をアドアイとよぶ。

地謡《じうたい》　能・狂言で数人が斉唱する謡。謡本に「地」と書いてある部分。地ともいう。能では舞台右側の地謡座と呼ばれる場所に八人が並び謡う。シテ方が担当する。

後見《こうけん》　舞台の後方に控え、能の進行を見守る役。装束を直したり小道具を受け渡しするなど、演者の世話も行う。

後見座《こうけんざ》　鏡板左奥の位置。後見をつとめるシテ方（普通は二人、重い曲は三人）が並んで座る。

見所《けんしょ》　能の観客及び観客席のこと。舞台正面の席を正面、舞台の左側、橋掛りに近い席を脇正面、その間の席を中正面と呼ぶ。

物着《ものぎ》　能の途中、舞台で衣装を着替えたり、烏帽子などをつけたりすること。後見によって行われる。

中入《なかいり》　前・後半の二場面に構成された能で、前場の終りに登場人物がいったん舞台から退場することをいう。

床几《しょうぎ》　椅子のこと。能では鬘桶《かづらおけ》（鬘を入れる黒漆塗りの桶）を床几にみたてて、その上に座る。

作《つく》り物《もの》　主として竹や布を用いて、演能のつど作る舞台装置。

〈善知鳥〉のふる里

地獄谷　富山県中新川郡立山町の室堂平
室堂駅（立山トンネルトロリーバス）または室堂バス停より徒歩

標高二三〇〇メートルの火山地形帯。古くから立山信仰の聖地、現世の地獄と恐れられた。今はトレッキングの観光ポイントで、噴煙が立ち上る荒涼とした景色に、観光客が絶えない。季節により入山制限がある。

外ヶ浜　JR津軽線沿線ほか。

古くは最果ての地の意味で率土《そっと》の浜《ひん》になぞらえられて「ソトノハマ」と呼ばれ、外の浜と転じた。現在では外ヶ浜と呼び、広く津軽半島東岸一帯から青森市の西部を含む観光名所だ。青森駅付近には善知鳥神社もあるが、ウトウの地名は北海道以外の各地に散在し、由来は地形によるらしいが不明。

（竹本幹夫）

お能を習いたい方に

能の謡や舞、笛、鼓に興味をもたれたら、ちょっと習ってみませんか。どなたでも能楽師からレッスンを受けられます。関心のある方は、能楽堂や能楽専門店（檜書店☎03-3291-2488　わんや書店☎03-3263-6771　能楽書林☎03-3264-0846など）に相談すれば能楽師を紹介してくれます。またカルチャーセンターでもそうした講座を開いているところがあります。

■鑑賞に役立つ　能の台本／観世流謡本・金剛流謡本

観世流謡本（大成版）

謡本は能の台詞やメロディー、リズムを記した台本兼楽譜。江戸時代から数々の修正や工夫をかさねて現在の形になった。謡本には他に、作者・作品の背景・節や言葉の解説・舞台鑑賞の手引き・配役・能面や装束附なども掲載されていて、鑑賞のための予備知識を得るにはとても便利。また、一般の人が、能楽師について能の謡や舞を稽古する時の教科書でもある。

曲　目／『善知鳥』他、二一〇曲
表　紙／紺地金千鳥
サイズ／半紙判（154×227ミリ）
用　紙／特別に漉いた和紙
製　本／和綴
定　価／各二五〇〇円〜二七五〇円（税込）

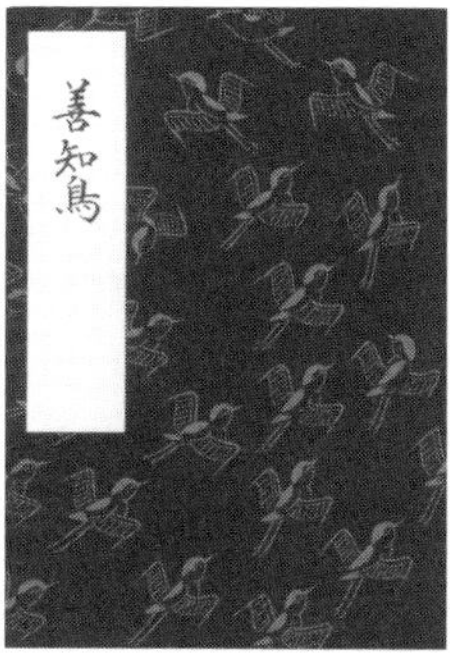

観世流謡本縮刷版

前記観世流謡本の縮刷版。古くより豆本・小本と呼ばれハンドバックやポケットに入り、携帯に便利であると愛用されている。

曲　目／『善知鳥』他、二一六曲
表　紙／紺地千鳥
サイズ／B7判・定価／九九〇円（税込）

■檜書店　能・狂言の本

☆現代語で理解する能の世界☆

対訳でたのしむ能シリーズ

【本シリーズの特色】
○流儀を問わず楽しんでいただける内容
○現代語訳と詞章・舞台演能図も掲載
○演者が語る能の見どころや魅力
○装束・能面・扇、曲の旧跡の紹介
○観能のガイド、詞章の理解を深める手引きとして最適

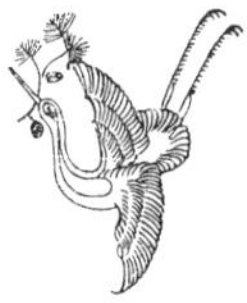

著　竹本幹夫　稿　河村晴久
三宅晶子

A5判／二四～四〇頁
定　価／各五五〇円（税込）

◆既刊
葵上／安宅／安達原／敦盛／海士／井筒／鵜飼／善知鳥／杜若／花月／葛城／鉄輪／通小町／邯鄲／砧／清経／鞍馬天狗／小鍛冶／桜川／俊寛／隅田川／千手／卒都婆小町／高砂／土蜘蛛／定家／天鼓／道成寺／融／野宮／羽衣／半蔀／班女／船弁慶／巻絹／松風／三井寺／三輪／紅葉狩／屋島／熊野／養老／弱法師

◆以下発売予定
賀茂／西行桜／殺生石／忠度／田村／巴／花筐／百万／遊行柳

まんがで楽しむ能・狂言

文／三浦裕子　漫画／小山賢太郎　監修／増田正造

能・狂言の鑑賞、舞台・装束・能面などの知識、登場人物や物語の紹介、楽屋の様子までをまんがでわかりやすく解説した初心者に恰好の入門書。

A5判・定価一三二〇円（税込）

まんがで楽しむ能の名曲七〇番

文／村　尚也
漫画／よこうちまさかず

“初心者からマニアまで楽しめる”

名曲七〇番のストーリーをまんがでわかりやすく紹介。はじめて能をご覧になる方にも恰好のガイドです。能を観る前、観た後で二度楽しめる。巻末に能面クイズ付き。

A5判・定価一三二〇円（税込）

まんがで楽しむ狂言ベスト七〇番

文／村　尚也
漫画／山口啓子

“エスプリ、ウィット、狂言の本質を味わう”

舞台を観ていればなんとなくわかった気がする狂言を、まんがで別照射することで、その裏側や側面を覗き、使い慣れた現代語でこそ味わえる爽快感を楽しめます。

A5判・定価一三二〇円（税込）

税率10％の表示価格です

竹本幹夫（たけもとみきお）
早稲田大学名誉教授、東京生まれ。早稲田大学大学院文学研究科博士課程修了。
文学博士。
著書に、『観阿弥・世阿弥時代の能楽』（明治書院）、『風姿花伝・三道』（角川学芸出版）他がある。

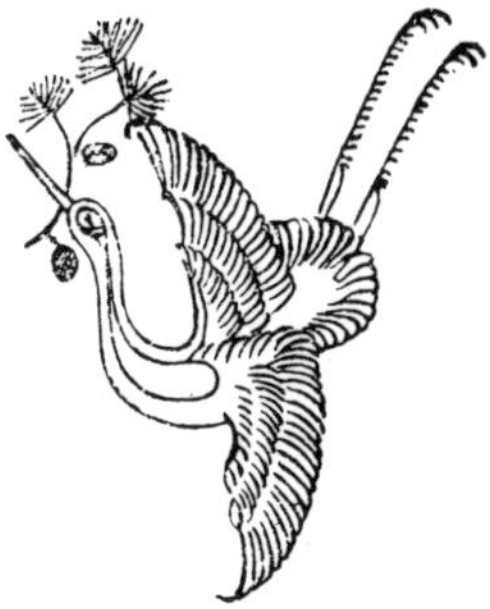

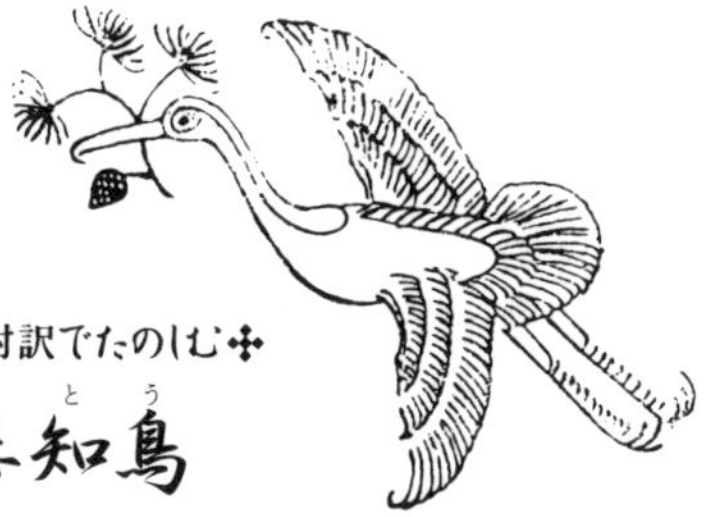

✣対訳でたのしむ✣
善《う》知《と》鳥《う》

発行———令和３年６月22日　第一刷
著者———竹本幹夫
発行者——檜　常正
発行所——檜書店
東京都千代田区神田小川町2-1
電話03-3291-2488　FAX03-3295-3554
http://www.hinoki-shoten.co.jp
装幀———菊地信義
印刷・製本—藤原印刷株式会社

ISBN978-4-8279-1111-4 C0074
Printed in Japan

9784827911114
1920074007004
ISBN978-4-8279-1111-4
C0074 ¥700E
定価　本体700円+税
檜書店

善知鳥